La gatita Bob

A Purrrfect Time (Spanish Translation)

Written by Sam Miller

The Purrrfect Time was written originally in English
and translated into the following languages:
Thai, Vietnamese, Tagalog, German, Spanish, Portuguese,
Mandarin, Bengali, French, Hindi.

Copyright © 2021 by Samuel Miller

All rights reserved. No part of this publication may be reproduced, stored in a retrieval system, or transmitted, in any form or by any means, electronic, mechanical, photocopying, recording, or otherwise, without the written prior permission of the publisher.

ISBN 978-1-7773038-2-2

Book design by Hiroki Nakaji

Printed and bound with IngramSpark

Armed Bandit Publishing

Sam y yo nos conocimos cuando yo era tan solo una gatita. En ese entonces, la vida de Sam era más fácil, tenia sus dos brazos, una vida feliz, nada le faltaba. Un dia, como cualquier otro, Sam tuvo un accidente y perdió uno de sus brazos, pero lo que Sam nunca perdió , fue su gran sonrisa!

Y es por esa gran sonrisa que quiero compartir contigo esta historia, para que siempre recuerdes ser feliz y nunca te des por vencido!

Ven, únete a mí y hagamos un pequeño viaje a través de mi vida.

Mi nombre es Bob, soy. la gatita Bob

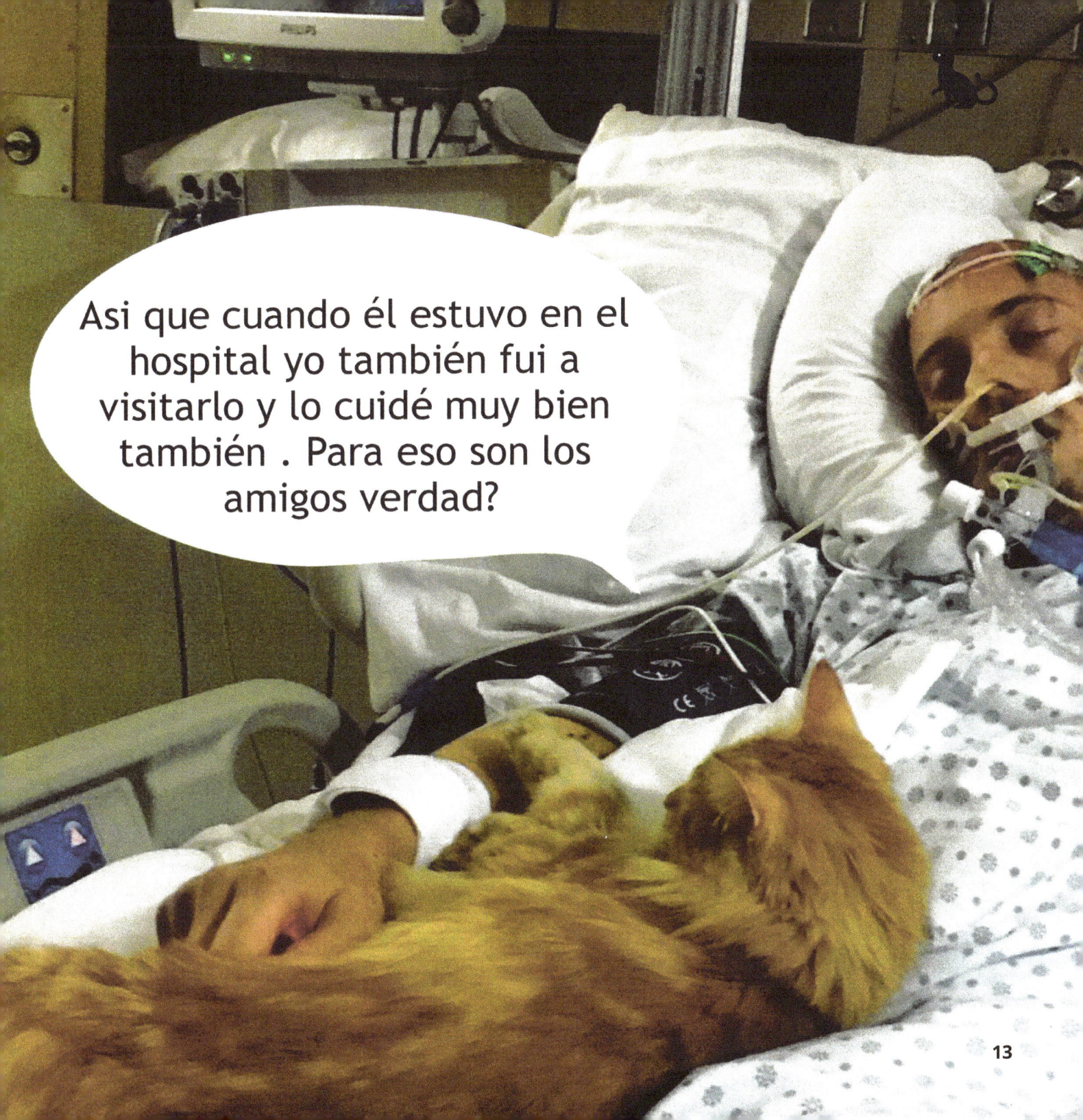

Sam me saca a caminar por que necesito ejercicio y aire fresco. Me gusta mucho pasar el tiempo con él y el pasto, hoy día, está sorprendentemente delicioso.

El otro dia escuché a Sam hablando con un amigo en el telefono, y Sam decia:

"A veces cuando hablo con alguien , no estoy escuchando por que estoy pensando en lo que yo voy a decir. Pero, las personas quieren ser escuchadas y saber que están siendo escuchadas. Me he dado cuenta que es muy importante el prestar atención en lo que están diciendo por que asi cuando sea tu turno , también te escucharán y prestarán atencion a ti."

"Yo soy el reflejo de las personas con las que paso la mayor parte del tiempo, y me he asegurado de pasar mi tiempo con personas a las que respeto, confío y disfruto"

"Cuando las cosas se ponen feas y me siento desganado, o me encuentro con un desafio en mi vida, ahí es cuando más he aprendido de mi mismo y de mis amigos. Aprendi a aceptar mis fracasos y pedir ayuda a mis amigos cuando la necesite"

Encontraste los  en todas las páginas?

SAM: Este libro empezó como un pasatiempo para mí. Una forma de distraerme de todos los problemas que estaba enfrentando. De cierta forma se transformó en la terapia que necesitaba, me enseñó mucho de mi mismo y de cómo enfrentar situaciones difíciles en la vida.

Por mucho tiempo pense que sabia lo que era vivir y que era lo más importante para mi, pero estaba muy, muy equivocado.

Pasé por muchos desafios ,los que superé y en cada uno fui aprendiendo más de mi y de lo que realmente es importante en mi vida. Asi me empezé a concentrar sólo en lo que más me hacia feliz. Nunca sientas verguenza de fracasar e intentar de nuevo, ya que casi siempre las personas más determinadas logran encontrar lo que realmente estan buscando. Sé fuerte, se valiente!

paginas para colorear

www.ingramcontent.com/pod-product-compliance
Lightning Source LLC
Chambersburg PA
CBHW051301110526
44589CB00025B/2907